文鮮明師のメッセージ

こころの四季

光言社

第一章

愛のことば

神様は常にあなたのことを
愛していらっしゃいます。
ですから、あなたは
神様に愛された分だけ
多くの人に尽くしてあげなさい。
人の和は、与えることによって
大きく広がっていきます。

私たちは自分だけの幸せのために
神様を尋ねたのではありません。
神様が私たち人間の親であることを知り
その神様が悲しみのお方であることを
知った時から
自分だけの喜びを捨てて
親なる神様を慰めたいと
決心したのです。
今、あなたの心がその出発の動機から
外れていないかを確かめなさい。

天国に行ける人よりも
天国を築ける人でなければなりません。
天国にただ行こうとする人は
神様に頼ろうとする人であり
天国を成そうとする人は
神様の頼りとなってあげようとする人です。

郵　便　は　が　き

おそれいります が、切手を 貼り、ご投函 ください

150-0042

（受取人）
東京都渋谷区宇田川町 37-18
トツネビル3F

（株）光言社
愛読者係 行

フリガナ お名前	歳	性別 男・女
ご住所　〒 お電話（　　　）　　— E-mail：		
ご職業　1. 会社員　2. 自営業・自由業　3. パート・アルバイト 4. 団体職員　5. 学生　6. その他（　　　　）		

※ご記入いただいた個人情報は、企画立案の参考およびプレゼントの発送以外の目的には使用いたしません。

光言社・愛読者カード

今後の出版企画の参考にさせていただきます。ご感想を送ってくださった方の中から、抽選で毎月最大５名様にプレゼントをお贈りします。ご感想は右のコードでも受け付けております。

書籍タイトル（お買い上げ日　　　　年　　月　　日）

●本書を何でお知りになりましたか

- □ 広告を見て（紙誌名　　　　　　　　　　　　）
- □ 人に勧められて（　　　　　　　　　　　　）
- □ 光言社 LINE 公式アカウント・情報アプリ Blessed Life を見て
- □ 書店で見て
- □ ホームページを見て
- □ ポスターを見て
- □ 当社からの Fax 案内を見て
- □ その他（　　　　　　　　　　　　）

●本書の感想をお聞かせください（この項は必ずご記入ください）

●今後、どのような本を読みたいと思いますか

ご感想やご要望は、ホームページなどでお客様の声として匿名で紹介させていただくことがあります。ご了承ください。

＊光言社オンラインショップ　https://www.kogensha.jp/shop/

困ったときには手を差し伸べ
苦しいときには励まし
うれしいときには
互いに手を取り合って喜ぶ
そういう人間関係を築きなさい。
あなた方が互いに
愛し合い、高め合うとき
そこに神の国が造られるのです。

私たちは真に
神様に喜びをもたらすことを
決意しなければなりません。
あなた方は、他の誰よりも
神様のことをよく知っています。
神様がいかなるお方なのか
神様がこれまで、どのような
心情の路程を通過してこられたのか
どのように苦労してこられ
いかにして悲しまれたか
あなた方はよく知っているはずです。

神様と親子の関係を結ぶためには
まず、神様の存在を信じること
そして願いを知ること
その願いを実践することです。
これによって神様とあなたは
離れることのできない
親子となることができるのです。

神様から愛される条件は
多くの人を愛すること
人のために自らを犠牲にすること
誰よりも多く苦労することです。
神様は御自分に代わって働く人を
最も愛されるのです。

草花が太陽に向けて花を咲かせるように
私たちも人の温かさにふれたとき
固く閉じていた心が優しく和みます。
ちょっとした思いやりが
人の心を感動させ
小さないたわりが
人と人を結びつける絆となります。

言葉には不思議な力があります。
愛と思いやりをもって語れば
人を励まし勇気づけることができます。
妬みや嫉妬の思いで語れば
その言葉は
人を傷つける凶器にもなります。
私が語る言葉が
神様を喜ばせ
多くの人々を力づけるものであるか
いつも反省しなければなりません。

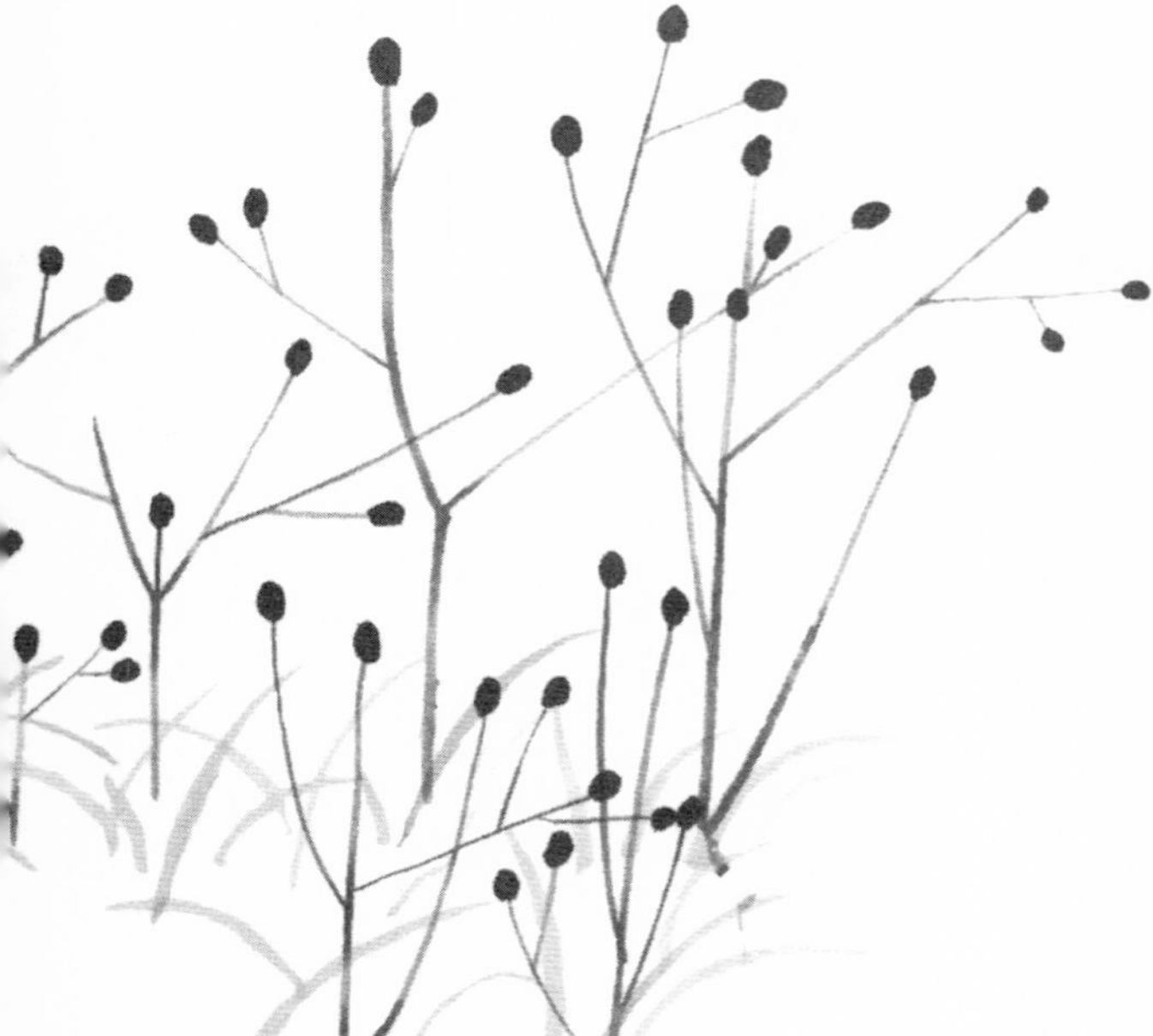

私たちは愛してほしいと願う前に
まず、多くの人を愛していきたいと
願わなければいけません。
神様は、無条件に愛することを
私たちに教えていらっしゃるのです。

苦労の多い社会であるから
一日も早く平和にしてあげたいと思い
困難な道だからこそ
最も愛する者を遣わすのです。
悲しみと孤独の境地を通過する時
その気持ちを神様に帰《き》しなさい。
涙を流しただけ
神様の心情を知ることができ
苦労する人の心の痛みを
理解できるのです。

あなたが歩んだ苦労の道は
いつの日にかきっと
多くの人に希望と喜びを
与えることでしょう。

相手が負債に思うほど
与えることによって
人間同士の恨みは
解くことができます。

人間が最高のことを願うのは
本来、最高の神様と関係を結んで
生きるようになっているためです。

神様は私たちに
早く成長してほしいと願っていらっしゃいます。
人の悲しみを自分の悲しみとして受け止め
人の喜びを共に喜ぶような
柔軟な心の持ち主となるように。
そして、困難なことを誰よりも率先して実行し
そこに、いつも神様への感謝を忘れない
素直な人になってほしいと
願っていらっしゃるのです。

朝もやが立ちこめる頃
神様に、静かに呼びかけてみなさい
「あなたのみ業が一日も早く
成就しますように」と。
静かに夜が更けていくとき
語りかけてみなさい
「今日一日の無事を感謝します」と。
主なる神様はいつも
あなたの祈りに耳を
傾けていてくださるのです。

神様のいらっしゃるところなら
どこでも私の心は住むことができます。
神様が住んでいらっしゃるところが
私の心の住み家なのです。
神様の愛があるところに
私の心は落ち着くことができるのです。
私たちがどこに住もうとも
神様を中心とするならば
そこが私たちの心の安住の地なのです。

父母の心情は
子女が自分より
素晴らしくなることを願います。
神様も人類の父母でいらっしゃるので
御自分がつくられた人間が
より良くなることを願われるのです。

あらゆる艱難《かんなん》辛苦に
打ちかってこそ
最高の栄光ある立場に
立つことができます。
今ある人間関係の難しさも
仕事の苦労も
自分を成長させてくれる
糧であることを信じて
乗り越えていきましょう。

傷ついて生きることに疲れたとき
神様に祈ってみなさい
「生きる勇気を与えてください」と。
悲しみに涙がとまらないとき
思いをはせてみなさい
もっと大きな悲しみに
涙を流している人に。

喜びがあなたの心を満たすとき
祈ってみなさい
この幸せが多くの人にも
与えられるように。

あなたが悲しいとき
その姿を見ておられる神様は
もっとつらいことを知ってください。
あなたが傷ついているとき
神様はもっと哀れな立場に立たれています。
ですから、いつも
心に喜びをもつように心がけなさい。

苦しい試練のとき
私は狼狽《ろうばい》して祈ったことはありません。
「神様、あなたのみ旨は成されます。
私は勇気ある子供として生き
そして死にます。
どのような苦しみも
私の歩みを止めることはできません。
私は進んでいきます。
神様、見ていてください」

あなたが神様の名を
呼んだときから
神様とあなたの間には
親と子の絆が結ばれます。
たった一人で
孤独の道を歩くときも
大勢の人々の中で
幸せに生きるときも
すべてが親なる神様と
一緒なのです。

いかなる難しいことがあっても
人を頼りとせず
自分を信じる人間となりなさい。
自分を信じられない人は
神様も信じることはできません。
神様は、最後に達する直前には
いつも孤独な立場に立たせます。
しかしこの時こそ
自分と神様が一つとなることのできる
最高の機会なのです。

あなた方が泣き悲しむとき
そこには神様の悲しみが
あなた方と共にあります。
あなた方が無限に幸福を感じるとき
神様もまた
無限に幸福を感じるのです。

ですから私たちが
歓喜の勝利を得るために
前進を重ねれば、神様もその時
喜びを感じていらっしゃることを
私たちは知るのです。
その神様の愛と力で
私たちは前進するのです。
私たちの前方には
希望と喜びがあるのみです。

無条件に天の前に捧げ
み意《こころ》のままに任せる心が必要です。
神様は私の親ですから
私がいなければならない所を一番よく知って
私が一番幸福になり
満足を感じ得る場所に導いてくださいます。

孤独で、やるせなく、困難な立場で
一番孤独な立場にいらっしゃるのが
神様なのです。
ですから神様は
私たちの味方として、協助してくださり
同情してくださるということを
知らなければなりません。

たとえあなたの心が
憎しみと欺瞞《ぎまん》に満ちていても
その心をもつあなた自身が
悲しんでいることを
神様は知っていらっしゃいます。
そのことゆえに
神様はあなたを許し
いとおしんでくださっているのです。

神様は私たちの心の中に住み
私たちの心の動きを
じっと見つめておられます。
うれしいとき
悲しいとき
そして、楽しいとき
神様が共にその心を
味わっておられることを
忘れないでください。

あなたがもし
疲れ果てて、もうダメだと思ったら
「神様、あなたは私よりも
もっと苦しんでおられます。
私がこうして苦労をすることで
あなたの心情に近づくなら
耐えていきます」と
祈ってみなさい。
神様はあなたの一滴の涙まで
きっと覚えていてくださるでしょう。

もしあなた方が自分を傷つけるならば
それは自分だけを傷つけているのではなく
両親の愛の実を傷つけているのであり
神様の愛の表れを傷つけているのです。
あなたが傷つけば
両親も
また神様も
苦痛を感じるのです。
あなたの存在のかげには
いつも神様がいらっしゃることを
忘れてはいけません。

あなた方を迫害する冷酷な人がいたとき
その人に向かって怒鳴り返さず
涙をもって
神様の祝福が
彼らの上にも注がれるように
祈ってあげるとしたら
神様はあなた方に同情し
祝福してくださるでしょう。

他人のために常に祈ることによって
あなた方は神様の心情に近づいていくのです。
どれほど困難な道であっても
固い決意をもって歩みなさい。
そうすれば神様が
「私の子よ
私はいつもおまえのそばにいる」と
ささやいてくださるでしょう。

不平を抱く者には希望がありません。
どのような困難の中にあっても
不平を言ってはいけません。
未来に向かって
喜びをもって歩みなさい。
不平を言いながら生きれば後悔します。
つらい立場でも甘んじていけば
栄えていきます。
私たちはつらくても
感謝しながら
発展する道を行かなければなりません。

寂しい時期が来たとしても
力が出ないような基準があるとしても
そこで落胆してはいけません。
こうした過程を通過させるのも
我々にもっと大きなことを悟らせるための
神様の愛なのです。
この期間は神様も干渉できません。
自分一人で乗り越えていくしかありません。
しかし、こうした立場に陥ったときには
過去において
神様が共にいて私を守り

励ましてくださった時のことを思い出しなさい。
そして、こうした立場を見つめていらっしゃる
神様が一番つらいことを思って
乗り越えていくしか道はありません。
そうすれば
神様の愛はあなたのものになるでしょう。

他人から何と言われようと
他人が何と思おうと
けっしてあきらめることなく
自分が正しいと信じる道を歩み続けると決意するならば
その瞬間、皆さんは信仰者として
最高の基準に到達することができます。
その基準に到達したときに
神様は無条件に皆さんを信頼することができるのです。

だから、孤独なとき、寂しいときこそ
神様のことを思いなさい。
神様を信じて
けっして希望を失わないこと
これが信仰者にとって大切なことです。

第二章

祈り

愛する天の父母様
私たちには本当に天国が必要です。
天国は妄想的なものでなく
空想的なものでもなく
私たちの生活圏内において
実際を通じ一歩一歩
段階的に積み重ねて行かねばならないことを知りました。

復帰の路程において
みじめな神様の心情を
ありありと実感することができますように。
今まで苦しい道をたどってきた
弱き者たちが集まっておりますが
涙ぐましい立場に立つときも
つらい苦労の道を行けと命令せざるを得ない
神様のその心情を理解することができますように。

毎日共にあり
共になし
共に我々を励まして
神様の名前と共に立ち
共に神様の目的を果たし得る
共同存在とならしめてください。

天の父母様！
日本の地をこよなく愛する
この幼い群れを導いてください。
あなたの愛なくしては
この地に自由と平和を
もたらすことはできません。
すべての人々の心の中に
愛が広がることを願う
この小さな群れを
あなたの手で守ってください。

天の父母様、あなたに対して
本当に、子であることを知りました。
あなたの涙の色も知り
その味も知りたいのです。
あなたの流す涙と汗の
そのつらさにふれたいのです。
あなたが心情をしぼり
今まで歴史を動かしてこられた
その苦労の心情を感じたいのです。
あなたがほほえむ
その理想のお顔を目にしたいのです。

玉座におつきになって
天宙を勝利の権威でもって命令する
その堂々たる意気と姿にふれたいのです。
神様の根源の本心で全宇宙を懐に抱き
神様御自身が満足し得るその基台と
その条件にかない得る人がほしいのです。

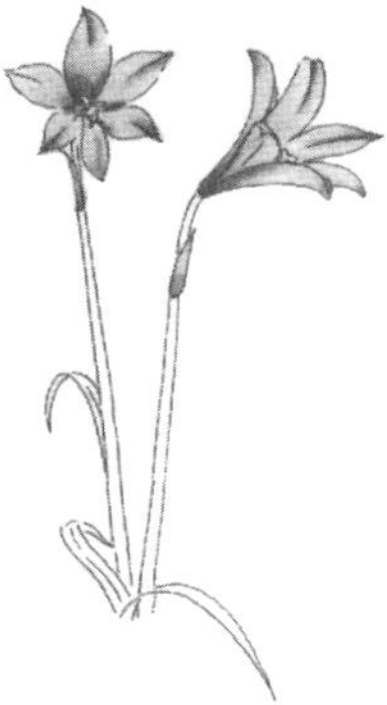

天の父母様！
堕落した人類の祖先を迎えた
その日の悲しみ
イエス様を送ってあなたの願いを成就しようとされた
その息子を十字架につけてしまった悲しみ
その息子に従っていた数多くのキリスト教徒たちが
虐殺されたその悲しみ
そして、数多くの宗教者が犠牲の道をいとわずに
明らかではなくても神様を慕いながら

その過程において犠牲になったすべての者を
眺めておられた天の父母様の悲しみが
いかに大きかったかを知っています。

いかなる迫害のまっただ中におきましても
神様を忘れることなく
神様を疑うことなく
神様により生まれた以上は
神様によってなし
神様によって生活することができますように。
神様によって考え
神様によってすべてを解決することができますように。

神様によらざるものは
何もないという立場を保って
神様のために働き
神様のために行くことができますように
直接お守りください。

あとがき

　世界平和統一家庭連合の創設者である文鮮明《ムンソンミョン》師（1920-2012）は、「天国の礎は平和な家庭」と説きながら、真の家庭運動をはじめ、あらゆる分野において大きな業績を残しました。神様と親しく交流する中で得られたその深いメッセージは、今も多くの人々に感化を与え続けています。現在は、その願いを夫人の韓鶴子《ハンハクチャ》女史（1943-）が引き継ぎ、世界平和の実現に向けて尽力しています。

　本書は、月刊誌『新天地』（1974-1999）に長年にわたって掲載された文鮮明師の言葉を一冊にまとめたものです。一九八二年の出版以来、多くの方々に愛されてきましたが、このたび、文字を大きくするなど、読みやすくするとともに、内容も一部編集してお届けすることになりました。

皆様にとって、本書が日々の生活の中で神様の愛を感じる一助となれば幸いです。

光言社

※祈祷の際の神様に対する呼称は、37ページの「神様も人類の父母でいらっしゃるので」という言葉に合わせ、「天の父母様」という表現で統一しました。

文鮮明師のメッセージ
こころの四季

1982年10月21日　初版発行
2023年 2月22日　改訂版第2刷発行

編集・発行　株式会社　光言社
〒150-0042　東京都渋谷区宇田川町37-18
TEL 03-3467-3105
https://www.kogensha.jp
イラスト　藤原美奈子 / 山田恵子

ISBN 978-4-87656-658-7
●定価はブックカバーに表示してあります。
●乱丁・落丁本はお取り替えいたします。